PINHOK™
LANGUAGES

www.pinhok.com

Introduction

This Book

This vocabulary book is a curated word frequency list with 2000 of the most commonly used words and phrases. It is not a conventional all-in-one language learning book but rather strives to streamline the learning process by concentrating on early acquisition of the core vocabularies. The result is a unique vocabulary book ideal for driven learners and language hackers.

Learning Community

If you find this book helpful, do us and other fellow learners a favour and leave a comment wherever you bought this book explaining how you use this book in your learning process. Your thoughts and experiences can help and have a positive impact on numerous other language learners around the world. We are looking forward to your stories and thank you in advance for your insights!

Pinhok Languages

Pinhok Languages strives to create language learning products that support learners around the world in their mission of learning a new language. In doing so, we combine best practice from various fields and industries to come up with innovative products and material.

The Pinhok Team hopes this book can help you with your learning process and gets you to your goal faster. Should you be interested in finding out more about us, please go to our website www.pinhok.com. For feedback, error reports, criticism or simply a quick "hi", please also go to our website and use the contact form.

Disclaimer of Liability

THIS BOOK IS PROVIDED "AS IS", WITHOUT WARRANTY OF ANY KIND, EXPRESSED OR IMPLIED, INCLUDING BUT NOT LIMITED TO THE WARRANTIES OF MERCHANTABILITY, FITNESS FOR A PARTICULAR PURPOSE AND NONINFRINGEMENT. IN NO EVENT SHALL THE AUTHORS OR COPYRIGHT HOLDERS BE LIABLE FOR ANY CLAIM, DAMAGES OR OTHER LIABILITY, WHETHER IN AN ACTION OF CONTRACT, TORT OR OTHERWISE, ARISING FROM, OUT OF OR IN CONNECTION WITH THE BOOK OR THE USE OR OTHER DEALINGS IN THE BOOK.

Copyright © 2020 Pinhok.com. All Rights Reserved

1 - 25

I	já
you (singular)	ty
he	on
she	ona
it	ono
we	my
you (plural)	vy
they	oni
what	co
who	kdo
where	kde
why	proč
how	jak
which	který
when	kdy
then	pak
if	pokud
really	opravdu
but	ale
because	protože
not	ne
this	tento
I need this	Potřebuju tohle
How much is this?	Kolik to stojí?
that	že

26 - 50

all	všechno
or	nebo
and	a
to know	vědět
I know	Vím
I don't know	Nevím
to think	myslet
to come	přijít
You definitely have to come	Určitě musíš přijít
to put	dát
to take	vzít
to find	najít
to listen	poslouchat
to work	pracovat
to talk	mluvit
to give (somebody something)	dát
to like	mít rád
to help	pomáhat
Can you help me?	Můžete mi pomoci?
to love	milovat
to call	volat
to wait	čekat
I like you	Mám tě rád
I don't like this	Tohle se mi nelíbí
Do you love me?	Miluješ mě?

51 - 75

I love you	Miluji tě
0	nula
1	jedna
2	dva
3	tři
4	čtyři
5	pět
6	šest
7	sedm
8	osm
9	devět
10	deset
11	jedenáct
12	dvanáct
13	třináct
14	čtrnáct
15	patnáct
16	šestnáct
17	sedmnáct
18	osmnáct
19	devatenáct
20	dvacet
new	nový
old (not new)	starý
few	málo

76 - 100

many	mnoho
how much?	Kolik?
how many?	Kolik?
wrong	nesprávný
correct	správný
bad	špatný
good	dobrý
happy	šťastný
short (length)	krátký
long	dlouhý
small	malý
big	velký
there	tam
here	tady
right	vpravo
left	vlevo
beautiful	krásný
young	mladý
old (not young)	starý
hello	ahoj
see you later	uvidíme se později
ok	ok
take care	opatruj se
don't worry	neboj se
of course	samozřejmě

101 - 125

good day	dobrý den
hi	nazdar
bye bye	ahoj
good bye	nashledanou
excuse me	promiňte
sorry	pardon
thank you	děkuji
please	prosím
I want this	chci tohle
now	teď
afternoon	(N) odpoledne
morning (9:00-11:00)	(N) dopoledne
night	(F) noc
morning (6:00-9:00)	(N) ráno
evening	(M) večer
noon	(N) poledne
midnight	(F) půlnoc
hour	(F) hodina
minute	(F) minuta
second (time)	(F) sekunda
day	(M) den
week	(M) týden
month	(M) měsíc
year	(M) rok
time	(M) čas

126 - 150

date (time)	(N) datum
the day before yesterday	předevčírem
yesterday	včera
today	dnes
tomorrow	zítra
the day after tomorrow	pozítří
Monday	(N) pondělí
Tuesday	(N) úterý
Wednesday	(F) středa
Thursday	(M) čtvrtek
Friday	(M) pátek
Saturday	(F) sobota
Sunday	(F) neděle
Tomorrow is Saturday	Zítra je sobota
life	(M) život
woman	(F) žena
man	(M) muž
love	(F) láska
boyfriend	(M) přítel
girlfriend	(F) přítelkyně
friend	(M) kamarád
kiss	(M) polibek
sex	(M) sex
child	(N) dítě
baby	(N) mimino

151 - 175

girl	(F)	dívka
boy	(M)	chlapec
mum	(F)	máma
dad	(M)	táta
mother	(F)	matka
father	(M)	otec
parents	(M)	rodiče
son	(M)	syn
daughter	(F)	dcera
little sister	(F)	mladší sestra
little brother	(M)	mladší bratr
big sister	(F)	starší sestra
big brother	(M)	starší bratr
to stand		stát
to sit		sedět
to lie		ležet
to close		zavřít
to open (e.g. a door)		otevřít
to lose		prohrát
to win		vyhrát
to die		zemřít
to live		žít
to turn on		zapnout
to turn off		vypnout
to kill		zabít

176 - 200

to injure	zranit
to touch	dotýkat se
to watch	sledovat
to drink	pít
to eat	jíst
to walk	chodit
to meet	potkat
I am looking forward to seeing you	Těším se na tebe
to bet	vsadit
to kiss	políbit
to follow	následovat
to marry	oženit se/vdát se
to answer	odpovědět
to ask	zeptat se
question	(F) otázka
company	(F) společnost
business	(M) obchod
job	(F) práce
money	(M) peníze
telephone	(M) telefon
office	(F) kancelář
doctor	(M) doktor
hospital	(F) nemocnice
nurse	(F) zdravotní sestra
policeman	(M) policista

201 - 225

president (of a state)	(M) prezident
Do you have a phone?	Máš telefon?
My telephone number is one four three two eight seven five four three	Moje telefonní číslo je jedna čtyři tři dva osm sedm pět čtyři tři
white	bílá
black	černá
red	červená
blue	modrá
green	zelená
yellow	žlutá
slow	pomalý
quick	rychlý
funny	legrační
unfair	nespravedlivý
fair	spravedlivý
difficult	obtížný
easy	snadný
This is difficult	To je obtížné
rich	bohatý
poor	chudý
strong	silný
weak	slabý
safe (adjective)	bezpečný
tired	unavený
proud	hrdý
full (from eating)	sytý

226 - 250

sick	nemocný
healthy	zdravý
angry	rozzlobený
low	nízký
high	vysoký
straight (line)	rovný
every	každý
always	vždy
actually	vlastně
again	znovu
already	již
less	méně
most	většina
more	více
I want more	Chci víc
none	žádný
very	velmi
animal	(N) zvíře
pig	(N) prase
cow	(F) kráva
horse	(M) kůň
dog	(M) pes
sheep	(F) ovce
monkey	(F) opice
cat	(F) kočka

251 - 275

bear	(M) medvěd
chicken (animal)	(N) kuře
duck	(F) kachna
butterfly	(M) motýl
bee	(F) včela
fish (animal)	(F) ryba
Usually I don't eat fish	Ryby obvykle nejím
spider	(M) pavouk
snake	(M) had
I have a dog	Mám psa
outside	venku
inside	uvnitř
far	daleko
close	blízko
below	pod
above	nad
beside	vedle
front	přední
back (position)	zadní
sweet	sladký
sour	kyselý
strange	podivný
soft	měkký
hard	tvrdý
cute	roztomilý

276 - 300

stupid	hloupý
crazy	šílený
busy	zaneprázdněný
tall	vysoký
short (height)	malý
worried	ustaraný
surprised	překvapený
cool	pohodový
well-behaved	vychovaný
evil	zlý
clever	chytrý
cold (adjective)	studený
hot (temperature)	horký
head	(F) hlava
nose	(M) nos
hair	(M) vlas
mouth	(N) ústa
ear	(N) ucho
eye	(N) oko
hand	(F) ruka
foot	(N) chodidlo
heart	(N) srdce
brain	(M) mozek
to pull (... open)	táhnout
to push (... open)	tlačit

301 - 325

to press (a button)	stisknout
to hit	udeřit
to catch	chytit
to fight	bojovat
to throw	hodit
to run	běžet
to read	číst
to write	psát
to fix	opravit
to count	počítat
to cut	říznout
to sell	prodat
to buy	koupit
to pay	platit
to study	studovat
to dream	snít
to sleep	spát
to play	hrát
to celebrate	slavit
to rest	odpočívat
to enjoy	užívat si
to clean	čistit
school	(F) škola
house	(M) dům
door	(F) dveře

326 - 350

husband	(M)	manžel
wife	(F)	manželka
wedding	(F)	svatba
person	(F)	osoba
car	(N)	auto
home	(M)	domov
city	(N)	město
number	(N)	číslo
21		dvacet jedna
22		dvacet dva
26		dvacet šest
30		třicet
31		třicet jedna
33		třicet tři
37		třicet sedm
40		čtyřicet
41		čtyřicet jedna
44		čtyřicet čtyři
48		čtyřicet osm
50		padesát
51		padesát jedna
55		padesát pět
59		padesát devět
60		šedesát
61		šedesát jedna

351 - 375

62	šedesát dva
66	šedesát šest
70	sedmdesát
71	sedmdesát jedna
73	sedmdesát tři
77	sedmdesát sedm
80	osmdesát
81	osmdesát jedna
84	osmdesát čtyři
88	osmdesát osm
90	devadesát
91	devadesát jedna
95	devadesát pět
99	devadesát devět
100	sto
1000	tisíc
10.000	deset tisíc
100.000	sto tisíc
1.000.000	milion
my dog	můj pes
your cat	tvoje kočka
her dress	její šaty
his car	jeho auto
its ball	jeho míč
our home	náš domov

376 - 400

your team		váš tým
their company		jejich společnost
everybody		všichni
together		spolu
other		jiný
doesn't matter		je to jedno
cheers		na zdraví
relax		uklidni se
I agree		souhlasím
welcome		vítejte
no worries		bez obav
turn right		odboč vpravo
turn left		odboč vlevo
go straight		jdi rovně
Come with me		pojď se mnou
egg	(N)	vejce
cheese	(M)	sýr
milk	(N)	mléko
fish (to eat)	(F)	ryba
meat	(N)	maso
vegetable	(F)	zelenina
fruit	(N)	ovoce
bone (food)	(F)	kost
oil	(M)	olej
bread	(M)	chléb

401 - 425

sugar	(M)	cukr
chocolate	(F)	čokoláda
candy	(M)	bonbóny
cake	(M)	dort
drink	(M)	nápoj
water	(F)	voda
soda	(F)	sodovka
coffee	(F)	káva
tea	(M)	čaj
beer	(N)	pivo
wine	(N)	víno
salad	(M)	salát
soup	(F)	polévka
dessert	(M)	dezert
breakfast	(F)	snídaně
lunch	(M)	oběd
dinner	(F)	večeře
pizza	(F)	pizza
bus	(M)	autobus
train	(M)	vlak
train station	(N)	vlakové nádraží
bus stop	(F)	autobusová zastávka
plane	(N)	letadlo
ship	(F)	loď
lorry	(N)	nákladní auto

426 - 450

bicycle	(N)	jízdní kolo
motorcycle	(M)	motocykl
taxi	(N)	taxi
traffic light	(M)	semafor
car park	(N)	parkoviště
road	(F)	silnice
clothing	(N)	Oblečení
shoe	(F)	bota
coat	(M)	kabát
sweater	(M)	svetr
shirt	(F)	košile
jacket	(F)	bunda
suit	(M)	oblek
trousers	(F)	kalhoty
dress	(M)	šaty
T-shirt	(N)	tričko
sock	(F)	ponožka
bra	(F)	podprsenka
underpants	(M)	spodky
glasses	(F)	brýle
handbag	(F)	kabelka
purse	(F)	peněženka
wallet	(F)	peněženka
ring	(M)	prsten
hat	(M)	klobouk

451 - 475

watch	(F) hodinky
pocket	(F) kapsa
What's your name?	Jak se jmenuješ?
My name is David	Jmenuji se David
I'm 22 years old	Je mi 22 let
Sorry, I'm a little late	Omlouvám se, jdu trochu pozdě
How are you?	Jak se máš?
Are you ok?	Jsi v pořádku?
Where is the toilet?	Kde je toaleta?
I miss you	Chybíš mi
spring	(N) jaro
summer	(N) léto
autumn	(M) podzim
winter	(F) zima
January	(M) leden
February	(M) únor
March	(M) březen
April	(M) duben
May	(M) květen
June	(M) červen
July	(M) červenec
August	(M) srpen
September	(N) září
October	(M) říjen
November	(M) listopad

476 - 500

December	(M) prosinec
shopping	(N) nakupování
bill	(M) účet
market	(M) trh
supermarket	(M) supermarket
building	(F) budova
apartment	(M) byt
university	(F) univerzita
farm	(F) farma
church	(M) kostel
restaurant	(F) restaurace
bar	(M) bar
gym	(F) posilovna
park	(M) park
toilet (public)	(F) toaleta
map	(F) mapa
ambulance	(F) záchranná služba
police	(F) policie
gun	(F) pistole
firefighters	(M) hasiči
country	(F) země
suburb	(N) předměstí
village	(F) vesnice
health	(N) zdraví
medicine	(F) medicína

501 - 525

accident	(F) nehoda
patient	(M) pacient
surgery	(F) operace
pill	(F) pilulka
fever	(F) horečka
cold (sickness)	(N) nachlazení
wound	(F) rána
appointment	(M) termín
cough	(M) kašel
neck	(M) krk
bottom	(M) zadek
shoulder	(N) rameno
knee	(N) koleno
leg	(F) noha
arm	(F) paže
belly	(N) břicho
bosom	(N) ňadro
back (part of body)	(N) záda
tooth	(M) zub
tongue	(M) jazyk
lip	(M) ret
finger	(M) prst
toe	(M) prst u nohy
stomach	(M) žaludek
lung	(F) plíce

526 - 550

liver	(N) játra
nerve	(M) nerv
kidney	(F) ledvina
intestine	(N) střevo
colour	(F) barva
orange (colour)	oranžová
grey	šedá
brown	hnědá
pink	růžová
boring	nudný
heavy	těžký
light (weight)	lehký
lonely	osamělý
hungry	hladový
thirsty	žíznivý
sad	smutný
steep	strmý
flat	plochý
round	kulatý
square (adjective)	hranatý
narrow	úzký
broad	široký
deep	hluboký
shallow	mělký
huge	obrovský

551 - 575

north	sever
east	východ
south	jih
west	západ
dirty	špinavý
clean	čistý
full (not empty)	plný
empty	prázdný
expensive	drahý
This is quite expensive	To je poměrně drahé
cheap	levný
dark	tmavý
light (colour)	světlý
sexy	sexy
lazy	líný
brave	statečný
generous	štědrý
handsome	hezký
ugly	ošklivý
silly	hloupý
friendly	přátelský
guilty	vinný
blind	slepý
drunk	opilý
wet	mokrý

576 - 600

dry	suchý
warm	teplý
loud	hlasitý
quiet	klidný
silent	tichý
kitchen	(F) kuchyně
bathroom	(F) koupelna
living room	(M) obývací pokoj
bedroom	(F) ložnice
garden	(F) zahrada
garage	(F) garáž
wall	(F) stěna
basement	(M) suterén
toilet (at home)	(F) toaleta
stairs	(M) schody
roof	(F) střecha
window (building)	(N) okno
knife	(M) nůž
cup (for hot drinks)	(M) šálek
glass	(F) sklenice
plate	(M) talíř
cup (for cold drinks)	(M) pohár
garbage bin	(M) odpadkový koš
bowl	(F) miska
TV set	(M) televizor

601 - 625

desk	(M) psací stůl
bed	(F) postel
mirror	(N) zrcadlo
shower	(F) sprcha
sofa	(M) gauč
picture	(M) obrázek
clock	(F) hodiny
table	(M) stůl
chair	(F) židle
swimming pool (garden)	(M) bazén
bell	(M) zvonek
neighbour	(M) soused
to fail	selhat
to choose	vybrat
to shoot	střílet
to vote	volit
to fall	spadnout
to defend	bránit
to attack	zaútočit
to steal	ukrást
to burn	hořet
to rescue	zachránit
to smoke	kouřit
to fly	letět
to carry	nést

626 - 650

to spit	plivat
to kick	kopnout
to bite	kousnout
to breathe	dýchat
to smell	cítit
to cry	plakat
to sing	zpívat
to smile	usmát se
to laugh	smát se
to grow	růst
to shrink	zmenšovat se
to argue	hádat se
to threaten	ohrožovat
to share	sdílet
to feed	krmit
to hide	schovat
to warn	varovat
to swim	plavat
to jump	skočit
to roll	valit
to lift	zvednout
to dig	kopat
to copy	kopírovat
to deliver	doručit
to look for	hledat

651 - 675

to practice	cvičit
to travel	cestovat
to paint	malovat
to take a shower	osprchovat se
to open (unlock)	otevřít
to lock	zamknout
to wash	umýt
to pray	modlit se
to cook	uvařit
book	(F) kniha
library	(F) knihovna
homework	(M) domácí úkol
exam	(F) zkouška
lesson	(F) lekce
science	(F) věda
history	(M) dějepis
art	(N) umění
English	(F) angličtina
French	(F) francouzština
pen	(N) pero
pencil	(F) tužka
3%	tři procenta
first	první
second (2nd)	druhý
third	třetí

676 - 700

fourth	čtvrtý
result	(M) výsledek
square (shape)	(M) čtverec
circle	(F) kružnice
area	(F) plocha
research	(M) výzkum
degree	(M) titul
bachelor	(M) bakalář
master	(M) magistr
x < y	x je menší než y
x > y	x je větší než y
stress	(M) stres
insurance	(N) pojištění
staff	(M) personál
department	(N) oddělení
salary	(M) plat
address	(F) adresa
letter (post)	(M) dopis
captain	(M) kapitán
detective	(M) detektiv
pilot	(M) pilot
professor	(M) profesor
teacher	(M) učitel
lawyer	(M) právník
secretary	(F) sekretářka

701 - 725

assistant	(M) asistent
judge	(M) soudce
director	(M) ředitel
manager	(M) manažer
cook	(M) kuchař
taxi driver	(M) taxikář
bus driver	(M) řidič autobusu
criminal	(M) zločinec
model	(F) modelka
artist	(M) umělec
telephone number	(N) telefonní číslo
signal (of phone)	(M) signál
app	(F) aplikace
chat	(M) chat
file	(M) soubor
url	(N) url
e-mail address	(F) e-mailová adresa
website	(F) webová stránka
e-mail	(M) e-mail
My email address is david at pinhok dot com	Má e-mailová adresa je david zavináč pinhok tečka com
mobile phone	(M) mobilní telefon
law	(M) zákon
prison	(N) vězení
evidence	(M) důkaz
fine	(F) pokuta

726 - 750

witness	(M) svědek
court	(M) soud
signature	(M) podpis
loss	(F) ztráta
profit	(M) zisk
customer	(M) zákazník
amount	(F) částka
credit card	(F) kreditní karta
password	(N) heslo
cash machine	(M) bankomat
swimming pool (competition)	(M) plavecký bazén
power	(F) elektřina
camera	(M) fotoaparát
radio	(N) rádio
present (gift)	(M) dárek
bottle	(F) láhev
bag	(F) taška
key	(M) klíč
doll	(F) panenka
angel	(M) anděl
comb	(M) hřeben
toothpaste	(F) zubní pasta
toothbrush	(M) kartáček na zuby
shampoo	(M) šampon
cream (pharmaceutical)	(M) krém

751 - 775

tissue	(M) kapesník
lipstick	(F) rtěnka
TV	(F) televize
cinema	(N) kino
I want to go to the cinema	Chci jít do kina
news	(F) zprávy
seat	(N) sedadlo
ticket	(M) lístek
screen (cinema)	(N) plátno
music	(F) hudba
stage	(N) jeviště
audience	(N) publikum
painting	(N) malování
joke	(M) vtip
article	(M) článek
newspaper	(F) noviny
magazine	(M) časopis
advertisement	(F) reklama
nature	(F) příroda
ash	(M) popel
fire (general)	(M) oheň
diamond	(M) diamant
moon	(M) měsíc
earth	(F) Země
sun	(N) Slunce

776 - 800

star	(F) hvězda
planet	(F) planeta
universe	(M) vesmír
coast	(N) pobřeží
lake	(N) jezero
forest	(M) les
desert (dry place)	(F) poušť
hill	(M) kopec
rock (stone)	(F) skála
river	(F) řeka
valley	(N) údolí
mountain	(F) hora
island	(M) ostrov
ocean	(M) oceán
sea	(N) moře
weather	(N) počasí
ice	(M) led
snow	(M) sníh
storm	(F) bouře
rain	(M) déšť
wind	(M) vítr
plant	(F) rostlina
tree	(M) strom
grass	(F) tráva
rose	(F) růže

801 - 825

flower	(F) květina
gas	(M) plyn
metal	(M) kov
gold	(N) zlato
silver	(N) stříbro
Silver is cheaper than gold	Stříbro je levnější než zlato
Gold is more expensive than silver	Zlato je dražší než stříbro
holiday	(F) dovolená
member	(M) člen
hotel	(M) hotel
beach	(F) pláž
guest	(M) host
birthday	(F) narozeniny
Christmas	(F) Vánoce
New Year	(M) Nový rok
Easter	(F) Velikonoce
uncle	(M) strýc
aunt	(F) teta
grandmother (paternal)	(F) babička
grandfather (paternal)	(M) dědeček
grandmother (maternal)	(F) babička
grandfather (maternal)	(M) dědeček
death	(F) smrt
grave	(M) hrob
divorce	(M) rozvod

826 - 850

bride	(F)	nevěsta
groom	(M)	ženich
101		sto jedna
105		sto pět
110		sto deset
151		sto padesát jedna
200		dvě stě
202		dvě stě dva
206		dvě stě šest
220		dvě stě dvacet
262		dvě stě šedesát dva
300		tři sta
303		tři sta tři
307		tři sta sedm
330		tři sta třicet
373		tři sta sedmdesát tři
400		čtyři sta
404		čtyři sta čtyři
408		čtyři sta osm
440		čtyři sta čtyřicet
484		čtyři sta osmdesát čtyři
500		pět set
505		pět set pět
509		pět set devět
550		pět set padesát

851 - 875

595	pět set devadesát pět
600	šest set
601	šest set jedna
606	šest set šest
616	šest set šestnáct
660	šest set šedesát
700	sedm set
702	sedm set dva
707	sedm set sedm
727	sedm set dvacet sedm
770	sedm set sedmdesát
800	osm set
803	osm set tři
808	osm set osm
838	osm set třicet osm
880	osm set osmdesát
900	devět set
904	devět set čtyři
909	devět set devět
949	devět set čtyřicet devět
990	devět set devadesát
tiger	(M) tygr
mouse (animal)	(F) myš
rat	(F) krysa
rabbit	(M) králík

876 - 900

lion	(M)	lev
donkey	(M)	osel
elephant	(M)	slon
bird	(M)	pták
cockerel	(M)	kohout
pigeon	(M)	holub
goose	(F)	husa
insect	(M)	hmyz
bug	(M)	brouk
mosquito	(M)	komár
fly	(F)	moucha
ant	(M)	mravenec
whale	(F)	velryba
shark	(M)	žralok
dolphin	(M)	delfín
snail	(M)	hlemýžď
frog	(F)	žába
often		často
immediately		okamžitě
suddenly		najednou
although		ačkoli
I don't understand		Nerozumím
I'm David, nice to meet you		Jsem David, těší mě
Let's watch a film		Pojďme se podívat na film
This is my girlfriend Anna		Tohle je moje přítelkyně Anna

901 - 925

Let's go home	Pojďme domů
I want a cold coke	Chci studenou kolu
gymnastics	(F) gymnastika
tennis	(M) tenis
running	(M) běh
cycling	(F) cyklistika
golf	(M) golf
ice skating	(N) bruslení
football	(M) fotbal
basketball	(M) basketbal
swimming	(N) plavání
diving (under the water)	(N) potápění
hiking	(F) turistika
United Kingdom	(N) Spojené království
Spain	(N) Španělsko
Switzerland	(N) Švýcarsko
Italy	(F) Itálie
France	(F) Francie
Germany	(N) Německo
Thailand	(N) Thajsko
Singapore	(M) Singapur
Russia	(N) Rusko
Japan	(N) Japonsko
Israel	(M) Izrael
India	(F) Indie

926 - 950

China	(F)	Čína
The United States of America	(M)	Spojené státy americké
Mexico	(N)	Mexiko
Canada	(F)	Kanada
Chile	(N)	Chile
Brazil	(F)	Brazílie
Argentina	(F)	Argentina
South Africa	(F)	Jižní Afrika
Nigeria	(F)	Nigérie
Morocco	(N)	Maroko
Libya	(F)	Libye
Kenya	(F)	Keňa
Algeria	(N)	Alžírsko
Egypt	(M)	Egypt
New Zealand	(M)	Nový Zéland
Australia	(F)	Austrálie
Africa	(F)	Afrika
Europe	(F)	Evropa
Asia	(F)	Asie
America	(F)	Amerika
quarter of an hour	(F)	čtvrt hodiny
half an hour	(F)	půl hodiny
three quarters of an hour	(F)	tři čtvrtě hodiny
1:00		jedna hodina
2:05		pět minut po druhé hodině

951 - 975

3:10	deset minut po třetí
4:15	čtvrt na pět
5:20	pět hodin dvacet minut
6:25	za pět minut půl sedmé
7:30	půl osmé
8:35	osm třicet pět
9:40	za dvacet minut deset
10:45	tři čtvrtě na jedenáct
11:50	za deset minut dvanáct
12:55	za pět minut jedna
one o'clock in the morning	jedna hodina ráno
two o'clock in the afternoon	dvě hodiny odpoledne
last week	minulý týden
this week	tento týden
next week	příští týden
last year	minulý rok
this year	tento rok
next year	příští rok
last month	minulý měsíc
this month	tento měsíc
next month	příští měsíc
2014-01-01	prvního ledna dva tisíce čtrnáct
2003-02-25	dvacátého pátého února dva tisíce tři
1988-04-12	dvanáctého dubna devatenáct set osmdesát osm
1899-10-13	třináctého října osmnáct set devadesát devět

976 - 1000

1907-09-30	třicátého září devatenáct set sedm
2000-12-12	dvanáctého prosince dva tisíce
forehead	(N) čelo
wrinkle	(F) vráska
chin	(F) brada
cheek	(F) tvář
beard	(M) vousy
eyelashes	(F) řasy
eyebrow	(N) obočí
waist	(M) pas
nape	(F) šíje
chest	(F) hruď
thumb	(M) palec
little finger	(M) malíček
ring finger	(M) prsteník
middle finger	(M) prostředníček
index finger	(M) ukazováček
wrist	(N) zápěstí
fingernail	(M) nehet
heel	(F) pata
spine	(F) páteř
muscle	(M) sval
bone (part of body)	(F) kost
skeleton	(F) kostra
rib	(N) žebro

1001 - 1025

vertebra	(M) obratel
bladder	(M) močový měchýř
vein	(F) žíla
artery	(F) tepna
vagina	(F) vagina
sperm	(N) sperma
penis	(M) penis
testicle	(N) varle
juicy	šťavnatý
hot (spicy)	pikantní
salty	slaný
raw	syrový
boiled	uvařený
shy	plachý
greedy	chamtivý
strict	přísný
deaf	hluchý
mute	němý
chubby	baculatý
skinny	hubený
plump	plnoštíhlý
slim	štíhlý
sunny	slunný
rainy	deštivý
foggy	mlhavý

1026 - 1050

cloudy	oblačný
windy	větrný
panda	(F) panda
goat	(F) koza
polar bear	(M) lední medvěd
wolf	(M) vlk
rhino	(M) nosorožec
koala	(F) koala
kangaroo	(M) klokan
camel	(M) velbloud
hamster	(M) křeček
giraffe	(F) žirafa
squirrel	(F) veverka
fox	(F) liška
leopard	(M) levhart
hippo	(M) hroch
deer	(M) jelen
bat	(M) netopýr
raven	(M) havran
stork	(M) čáp
swan	(F) labuť
seagull	(M) racek
owl	(F) sova
eagle	(M) orel
penguin	(M) tučňák

1051 - 1075

parrot	(M) papoušek
termite	(M) termit
moth	(M) mol
caterpillar	(F) housenka
dragonfly	(F) vážka
grasshopper	(N) saranče
squid	(F) oliheň
octopus	(F) chobotnice
sea horse	(M) mořský koník
turtle	(F) želva
shell	(F) mušle
seal	(M) tuleň
jellyfish	(F) medúza
crab	(M) krab
dinosaur	(M) dinosaurus
tortoise	(F) želva
crocodile	(M) krokodýl
marathon	(M) maratón
triathlon	(M) triatlon
table tennis	(M) stolní tenis
weightlifting	(N) vzpírání
boxing	(M) box
badminton	(M) badminton
figure skating	(N) krasobruslení
snowboarding	(M) snowboarding

1076 - 1100

skiing	(N)	lyžování
cross-country skiing	(M)	běh na lyžích
ice hockey	(M)	lední hokej
volleyball	(M)	volejbal
handball	(F)	házená
beach volleyball	(M)	plážový volejbal
rugby	(N)	ragby
cricket	(M)	kriket
baseball	(M)	baseball
American football	(M)	Americký fotbal
water polo	(N)	vodní pólo
diving (into the water)	(M)	skoky do vody
surfing	(N)	surfování
sailing	(N)	plachtění
rowing	(N)	veslování
car racing	(M)	automobilové závody
rally racing	(F)	rallye
motorcycle racing	(M)	motocyklové závody
yoga	(F)	jóga
dancing	(M)	tanec
mountaineering	(F)	vysokohorská turistika
parachuting	(M)	parašutismus
skateboarding	(M)	skateboarding
chess	(M)	šachy
poker	(M)	poker

1101 - 1125

climbing	(N)	lezení
bowling	(M)	bowling
billiards	(M)	kulečník
ballet	(M)	balet
warm-up	(F)	rozcvička
stretching	(M)	strečink
sit-ups	(M)	sedy lehy
push-up	(M)	kliky
sauna	(F)	sauna
exercise bike	(M)	rotoped
treadmill	(M)	běžecký pás
1001		tisíc jedna
1012		tisíc dvanáct
1234		tisíc dvě stě třicet čtyři
2000		dva tisíce
2002		dva tisíce dva
2023		dva tisíce dvacet tři
2345		dva tisíce tři sta čtyřicet pět
3000		tři tisíce
3003		tři tisíce tři
4000		čtyři tisíce
4045		čtyři tisíce čtyřicet pět
5000		pět tisíc
5678		pět tisíc šest set sedmdesát osm
6000		šest tisíc

1126 - 1150

7000	sedm tisíc
7890	sedm tisíc osm set devadesát
8000	osm tisíc
8901	osm tisíc devět set jedna
9000	devět tisíc
9090	devět tisíc devadesát
10.001	deset tisíc jedna
20.020	dvacet tisíc dvacet
30.300	třicet tisíc tři sta
44.000	čtyřicet čtyři tisíc
10.000.000	deset milionů
100.000.000	sto milionů
1.000.000.000	miliarda
10.000.000.000	deset miliard
100.000.000.000	sto miliard
1.000.000.000.000	bilión
to gamble	hazardovat
to gain weight	ztloustnout
to lose weight	zhubnout
to vomit	zvracet
to shout	křičet
to stare	zírat
to faint	omdlít
to swallow	polknout
to shiver	třást se

1151 - 1175

to give a massage	masírovat
to climb	lézt
to quote	citovat
to print	vytisknout
to scan	skenovat
to calculate	vypočítat
to earn	vydělat
to measure	měřit
to vacuum	vysávat
to dry	sušit
to boil	vařit
to fry	smažit
elevator	(M) výtah
balcony	(M) balkón
floor	(F) podlaha
attic	(N) podkroví
front door	(F) vchodové dveře
corridor	(F) chodba
second basement floor	(N) druhé podzemní podlaží
first basement floor	(N) první podzemní podlaží
ground floor	(N) přízemí
first floor	(N) první patro
fifth floor	(N) páté patro
chimney	(M) komín
fan	(M) větrák

1176 - 1200

air conditioner	(F)	klimatizace
coffee machine	(M)	kávovar
toaster	(M)	topinkovač
vacuum cleaner	(M)	vysavač
hairdryer	(M)	fén
kettle	(F)	konvice
dishwasher	(F)	myčka
cooker	(M)	vařič
oven	(F)	trouba
microwave	(F)	mikrovlnná trouba
fridge	(F)	lednička
washing machine	(F)	pračka
heating	(N)	topení
remote control	(N)	dálkové ovládání
sponge	(F)	mycí houba
wooden spoon	(F)	vařečka
chopstick	(F)	hůlka
cutlery	(M)	příbor
spoon	(F)	lžíce
fork	(F)	vidlička
ladle	(F)	naběračka
pot	(M)	hrnec
pan	(F)	pánev
light bulb	(F)	žárovka
alarm clock	(M)	budík

1201 - 1225

safe (for money)	(M) sejf
bookshelf	(F) knihovna
curtain	(F) záclona
mattress	(F) matrace
pillow	(M) polštář
blanket	(F) deka
shelf	(F) police
drawer	(M) šuplík
wardrobe	(F) skříň
bucket	(M) kbelík
broom	(N) koště
washing powder	(M) prací prášek
scale	(F) váha
laundry basket	(M) koš na prádlo
bathtub	(F) vana
bath towel	(F) osuška
soap	(N) mýdlo
toilet paper	(M) toaletní papír
towel	(M) ručník
basin	(N) umyvadlo
stool	(F) barová stolička
light switch	(M) vypínač
calendar	(M) kalendář
power outlet	(F) zásuvka
carpet	(M) koberec

1226 - 1250

saw	(F) pilka
axe	(F) sekera
ladder	(M) žebřík
hose	(F) hadice
shovel	(F) lopata
shed	(F) kůlna
pond	(M) rybník
mailbox (for letters)	(F) poštovní schránka
fence	(M) plot
deck chair	(N) lehátko
ice cream	(F) zmrzlina
cream (food)	(F) smetana
butter	(N) máslo
yoghurt	(M) jogurt
fishbone	(F) rybí kost
tuna	(M) tuňák
salmon	(M) losos
lean meat	(N) libové maso
fat meat	(N) tučné maso
ham	(F) šunka
salami	(M) salám
bacon	(F) slanina
steak	(M) steak
sausage	(F) klobása
turkey	(N) krůtí

1251 - 1275

chicken (meat)	(N) kuřecí
beef	(N) hovězí
pork	(N) vepřové
lamb	(N) jehněčí
pumpkin	(F) dýně
mushroom	(F) houba
truffle	(M) lanýž
garlic	(M) česnek
leek	(M) pórek
ginger	(M) zázvor
aubergine	(M) lilek
sweet potato	(M) batáty
carrot	(F) mrkev
cucumber	(F) okurka
chili	(N) chili
pepper (vegetable)	(M) pepř
onion	(F) cibule
potato	(M) brambor
cauliflower	(M) květák
cabbage	(N) zelí
broccoli	(F) brokolice
lettuce	(M) hlávkový salát
spinach	(M) špenát
bamboo (food)	(M) bambus
corn	(F) kukuřice

1276 - 1300

celery	(M)	celer
pea	(M)	hrášek
bean	(F)	fazole
pear	(F)	hruška
apple	(N)	jablko
peel	(F)	slupka
pit	(F)	pecka
olive	(F)	oliva
date (food)	(F)	datle
fig	(M)	fík
coconut	(M)	kokosový ořech
almond	(F)	mandle
hazelnut	(M)	lískový oříšek
peanut	(M)	arašíd
banana	(M)	banán
mango	(N)	mango
kiwi	(N)	kiwi
avocado	(N)	avokádo
pineapple	(M)	ananas
water melon	(M)	vodní meloun
grape	(M)	hrozen vína
sugar melon	(M)	cukrový meloun
raspberry	(F)	malina
blueberry	(F)	borůvka
strawberry	(F)	jahoda

1301 - 1325

cherry	(F) třešeň
plum	(F) švestka
apricot	(F) meruňka
peach	(F) broskev
lemon	(M) citron
grapefruit	(M) grapefruit
orange (food)	(M) pomeranč
tomato	(N) rajče
mint	(F) máta
lemongrass	(F) citronová tráva
cinnamon	(F) skořice
vanilla	(F) vanilka
salt	(F) sůl
pepper (spice)	(M) černý pepř
curry	(N) kari
tobacco	(M) tabák
tofu	(N) tofu
vinegar	(M) ocet
noodle	(F) nudle
soy milk	(N) sójové mléko
flour	(F) mouka
rice	(F) rýže
oat	(M) oves
wheat	(F) pšenice
soy	(F) sója

1326 - 1350

nut	(M) ořech
scrambled eggs	(N) míchaná vejce
porridge	(F) ovesná kaše
cereal	(F) cereálie
honey	(M) med
jam	(M) džem
chewing gum	(F) žvýkačka
apple pie	(M) jablečný koláč
waffle	(F) vafle
pancake	(M) lívanec
cookie	(F) sušenka
pudding	(M) pudink
muffin	(M) muffin
doughnut	(F) kobliha
energy drink	(M) energetický nápoj
orange juice	(M) pomerančový džus
apple juice	(M) jablečný džus
milkshake	(M) mléčný koktejl
coke	(F) kola
lemonade	(F) limonáda
hot chocolate	(F) horká čokoláda
milk tea	(M) čaj s mlékem
green tea	(M) zelený čaj
black tea	(M) černý čaj
tap water	(F) voda z kohoutku

1351 - 1375

cocktail	(M) koktejl
champagne	(N) šampaňské
rum	(M) rum
whiskey	(F) whisky
vodka	(F) vodka
buffet	(M) bufet
tip	(N) spropitné
menu	(M) jídelní lístek
seafood	(M) plody moře
snack	(F) svačina
side dish	(F) příloha
spaghetti	(F) špagety
roast chicken	(N) pečené kuře
potato salad	(M) bramborový salát
mustard	(F) hořčice
sushi	(N) sushi
popcorn	(M) popcorn
nachos	(N) nachos
chips	(M) bramborové chipsy
French fries	(F) hranolky
chicken wings	(N) kuřecí křídla
mayonnaise	(F) majonéza
tomato sauce	(M) kečup
sandwich	(M) sendvič
hot dog	(M) párek v rohlíku

1376 - 1400

burger	(M) burger
booking	(F) rezervace
hostel	(F) ubytovna
visa	(N) vízum
passport	(M) cestovní pas
diary	(M) deník
postcard	(F) pohlednice
backpack	(M) batoh
campfire	(M) táborák
sleeping bag	(M) spacák
tent	(M) stan
camping	(N) kempování
membership	(N) členství
reservation	(F) rezervace
dorm room	(M) studentský pokoj
double room	(M) dvoulůžkový pokoj
single room	(M) jednolůžkový pokoj
luggage	(N) zavazadla
lobby	(F) lobby
decade	(N) desetiletí
century	(N) století
millennium	(N) tisíciletí
Thanksgiving	(N) Díkůvzdání
Halloween	(M) Halloween
Ramadan	(M) Ramadán

1401 - 1425

grandchild	(N)	vnouče
siblings	(M)	sourozenci
mother-in-law	(F)	tchýně
father-in-law	(M)	tchán
granddaughter	(F)	vnučka
grandson	(M)	vnuk
son-in-law	(M)	zeť
daughter-in-law	(F)	snacha
nephew	(M)	synovec
niece	(F)	neteř
cousin (female)	(F)	sestřenice
cousin (male)	(M)	bratranec
cemetery	(M)	hřbitov
gender	(N)	pohlaví
urn	(F)	urna
orphan	(M)	sirotek
corpse	(F)	mrtvola
coffin	(F)	rakev
retirement	(M)	odchod do důchodu
funeral	(M)	pohřeb
honeymoon	(F)	svatební cesta
wedding ring	(M)	snubní prsten
lovesickness	(F)	zamilovanost
vocational training	(N)	odborné vzdělávání
high school	(F)	střední škola

1426 - 1450

junior school	(F)	základní škola
twins	(N)	dvojčata
primary school	(F)	základní škola
kindergarten	(F)	mateřská školka
birth	(N)	narození
birth certificate	(M)	rodný list
hand brake	(F)	ruční brzda
battery	(F)	baterie
motor	(M)	motor
windscreen wiper	(M)	stěrač
GPS	(N)	GPS
airbag	(M)	airbag
horn	(M)	klakson
clutch	(F)	spojka
brake	(F)	brzda
throttle	(M)	plyn
steering wheel	(M)	volant
petrol	(M)	benzín
diesel	(F)	nafta
seatbelt	(M)	bezpečnostní pás
bonnet	(F)	kapota
tyre	(F)	pneumatika
rear trunk	(M)	zadní kufr
railtrack	(F)	železniční trať
ticket vending machine	(M)	automat na jízdenky

1451 - 1475

ticket office	(F) pokladna
subway	(N) metro
high-speed train	(M) vysokorychlostní vlak
locomotive	(F) lokomotiva
platform	(N) nástupiště
tram	(F) tramvaj
school bus	(M) školní autobus
minibus	(M) minibus
fare	(N) jízdné
timetable	(M) jízdní řád
airport	(N) letiště
departure	(M) odlet
arrival	(M) přílet
customs	(F) celnice
airline	(F) aerolinka
helicopter	(F) helikoptéra
check-in desk	(F) odbavovací přepážka
carry-on luggage	(N) příruční zavazadlo
first class	(F) první třída
economy class	(F) ekonomická třída
business class	(F) byznys třída
emergency exit (on plane)	(M) nouzový východ
aisle	(F) ulička
window (in plane)	(N) okénko
row	(F) řada

1476 - 1500

wing	(N)	křídlo
engine	(M)	motor
cockpit	(M)	kokpit
life jacket	(F)	záchranná vesta
container	(M)	kontejner
submarine	(F)	ponorka
cruise ship	(F)	výletní loď
container ship	(F)	kontejnerová loď
yacht	(F)	jachta
ferry	(M)	trajekt
harbour	(M)	přístav
lifeboat	(M)	záchranný člun
radar	(M)	radar
anchor	(F)	kotva
life buoy	(M)	záchranný kruh
street light	(N)	pouliční osvětlení
pavement	(M)	chodník
petrol station	(F)	čerpací stanice
construction site	(N)	staveniště
speed limit	(N)	rychlostní omezení
pedestrian crossing	(M)	přechod pro chodce
one-way street	(F)	jednosměrka
toll	(N)	mýtné
intersection	(F)	křižovatka
traffic jam	(F)	dopravní zácpa

1501 - 1525

motorway	(F)	dálnice
tank	(M)	tank
road roller	(M)	silniční válec
excavator	(M)	bagr
tractor	(M)	traktor
air pump	(F)	vzduchová pumpa
chain	(M)	řetěz
jack	(M)	zvedák
trailer	(M)	přívěs
motor scooter	(M)	motorový skútr
cable car	(F)	lanovka
guitar	(F)	kytara
drums	(M)	bicí
keyboard (music)	(F)	klávesy
trumpet	(F)	trubka
piano	(M)	klavír
saxophone	(M)	saxofon
violin	(F)	housle
concert	(M)	koncert
note (music)	(F)	nota
opera	(F)	opera
orchestra	(M)	orchestr
rap	(M)	rap
classical music	(F)	klasická hudba
folk music	(F)	lidová hudba

1526 - 1550

rock (music)	(M)	rock
pop	(M)	pop
jazz	(M)	jazz
theatre	(N)	divadlo
brush (to paint)	(M)	štětec
samba	(F)	samba
rock 'n' roll	(M)	rock 'n' roll
Viennese waltz	(M)	valčík
tango	(N)	tango
salsa	(F)	salsa
alphabet	(F)	abeceda
novel	(M)	román
text	(M)	text
heading	(M)	nadpis
character	(M)	znak
letter (like a, b, c)	(N)	písmeno
content	(M)	obsah
photo album	(N)	fotoalbum
comic book	(M)	komiks
sports ground	(N)	sportovní hřiště
dictionary	(M)	slovník
term	(N)	pololetí
notebook	(M)	sešit
blackboard	(F)	tabule
schoolbag	(F)	školní aktovka

1551 - 1575

school uniform	(F) školní uniforma
geometry	(F) geometrie
politics	(F) politika
philosophy	(F) filozofie
economics	(F) ekonomika
physical education	(F) tělesná výchova
biology	(F) biologie
mathematics	(F) matematika
geography	(M) zeměpis
literature	(F) literatura
Arabic	(F) arabština
German	(F) němčina
Japanese	(F) japonština
Mandarin	(F) mandarínština
Spanish	(F) španělština
chemistry	(F) chemie
physics	(F) fyzika
ruler	(N) pravítko
rubber	(F) guma
scissors	(F) nůžky
adhesive tape	(F) lepící páska
glue	(N) lepidlo
ball pen	(N) kuličkové pero
paperclip	(F) kancelářská sponka
100%	sto procent

1576 - 1600

0%	nula procent
cubic meter	(M) metr krychlový
square meter	(M) metr čtvereční
mile	(F) míle
meter	(M) metr
decimeter	(M) decimetr
centimeter	(M) centimetr
millimeter	(M) milimetr
addition	(N) sčítání
subtraction	(N) odčítání
multiplication	(N) násobení
division	(N) dělení
fraction	(M) zlomek
sphere	(F) koule
width	(F) šířka
height	(F) výška
volume	(M) objem
curve	(F) křivka
angle	(M) úhel
straight line	(F) přímka
pyramid	(M) jehlan
cube	(F) krychle
rectangle	(M) obdélník
triangle	(M) trojúhelník
radius	(M) poloměr

1601 - 1625

watt	(M) watt
ampere	(M) ampér
volt	(M) volt
force	(F) síla
liter	(M) litr
milliliter	(M) mililitr
ton	(F) tuna
kilogram	(M) kilogram
gram	(M) gram
magnet	(M) magnet
microscope	(M) mikroskop
funnel	(M) trychtýř
laboratory	(F) laboratoř
canteen	(F) jídelna
lecture	(F) přednáška
scholarship	(N) stipendium
diploma	(M) diplom
lecture theatre	(F) posluchárna
3.4	tři celé čtyři
3 to the power of 5	tři na pátou
4 / 2	čtyři děleno dvěma
1 + 1 = 2	jedna plus jedna rovná se dva
full stop	(F) tečka
6^3	šest na třetí
4^2	čtyři na druhou

1626 - 1650

contact@pinhok.com	kontakt zavináč pinhok tečka kom
&	a
/	(N) lomítko
()	(F) závorka
semicolon	(M) středník
comma	(F) čárka
colon	(F) dvojtečka
www.pinhok.com	vé vé vé tečka pinhok tečka com
underscore	(N) podtržítko
hyphen	(F) pomlčka
3 - 2	tři mínus dva
apostrophe	(M) apostrof
2 x 3	dva krát tři
1 + 2	jedna plus dva
exclamation mark	(M) vykřičník
question mark	(M) otazník
space	(F) mezera
soil	(F) půda
lava	(F) láva
coal	(N) uhlí
sand	(M) písek
clay	(M) jíl
rocket	(F) raketa
satellite	(F) družice
galaxy	(F) galaxie

1651 - 1675

asteroid	(M) asteroid
continent	(M) kontinent
equator	(M) rovník
South Pole	(M) Jižní pól
North Pole	(M) Severní pól
stream	(M) potok
rainforest	(M) deštný prales
cave	(F) jeskyně
waterfall	(M) vodopád
shore	(N) pobřeží
glacier	(M) ledovec
earthquake	(N) zemětřesení
crater	(M) kráter
volcano	(F) sopka
canyon	(M) kaňon
atmosphere	(F) atmosféra
pole	(M) pól
12 °C	(M) dvanáct stupňů Celsia
0 °C	(M) nula stupňů Celsia
-2 °C	(M) minus dva stupně Celsia
Fahrenheit	(M) Fahrenheita
centigrade	(M) Celsia
tornado	(N) tornádo
flood	(F) povodeň
fog	(F) mlha

1676 - 1700

rainbow	(F) duha
thunder	(M) hrom
lightning	(M) blesk
thunderstorm	(F) bouřka
temperature	(F) teplota
typhoon	(M) tajfun
hurricane	(M) hurikán
cloud	(M) mrak
sunshine	(M) sluneční svit
bamboo (plant)	(M) bambus
palm tree	(F) palma
branch	(F) větev
leaf	(M) list
root	(M) kořen
trunk	(M) kmen
cactus	(M) kaktus
sunflower	(F) slunečnice
seed	(N) semínko
blossom	(M) květ
stalk	(M) stonek
plastic	(M) plast
carbon dioxide	(M) oxid uhličitý
solid	(F) tuhá látka
fluid	(F) tekutina
atom	(M) atom

1701 - 1725

iron	(N) železo
oxygen	(M) kyslík
flip-flops	(F) žabky
leather shoes	(F) kožené boty
high heels	(M) vysoké podpatky
trainers	(F) tenisky
raincoat	(F) pláštěnka
jeans	(F) džíny
skirt	(F) sukně
shorts	(F) šortky
pantyhose	(M) punčocháče
thong	(N) tanga
panties	(F) kalhotky
crown	(F) koruna
tattoo	(N) tetování
sunglasses	(F) sluneční brýle
umbrella	(M) deštník
earring	(F) náušnice
necklace	(M) náhrdelník
baseball cap	(F) kšiltovka
belt	(M) pásek
tie	(F) kravata
knit cap	(F) vlněná čepice
scarf	(F) šála
glove	(F) rukavice

1726 - 1750

swimsuit	(F)	dámské plavky
bikini	(F)	bikiny
swim trunks	(F)	plavecké šortky
swim goggles	(F)	plavecké brýle
barrette	(F)	sponka
brunette		hnědé
blond		blonďaté
bald head	(F)	pleš
straight (hair)		rovné
curly		kudrnaté
button	(M)	knoflík
zipper	(M)	zip
sleeve	(M)	rukáv
collar	(M)	límec
polyester	(M)	polyester
silk	(N)	hedvábí
cotton	(F)	bavlna
wool	(F)	vlna
changing room	(F)	kabinka
face mask	(F)	pleťová maska
perfume	(M)	parfém
tampon	(M)	tampon
nail scissors	(F)	nůžky na nehty
nail clipper	(F)	kleštičky na nehty
hair gel	(M)	gel na vlasy

1751 - 1775

shower gel	(M) sprchový gel
condom	(M) kondom
shaver	(M) holicí strojek
razor	(F) břitva
sunscreen	(M) opalovací krém
face cream	(M) krém na obličej
brush (for cleaning)	(M) kartáč
nail polish	(M) lak na nehty
lip gloss	(M) lesk na rty
nail file	(M) pilník na nehty
foundation	(M) podklad
mascara	(F) řasenka
eye shadow	(M) oční stíny
warranty	(F) záruka
bargain	(F) výhodná koupě
cash register	(F) pokladna
basket	(M) košík
shopping mall	(M) obchodní dům
pharmacy	(F) lékárna
skyscraper	(M) mrakodrap
castle	(M) hrad
embassy	(F) ambasáda
synagogue	(F) synagoga
temple	(M) chrám
factory	(F) továrna

1776 - 1800

mosque	(F) mešita
town hall	(F) radnice
post office	(F) pošta
fountain	(F) fontána
night club	(M) noční klub
bench	(F) lavice
golf course	(N) golfové hřiště
football stadium	(M) fotbalový stadion
swimming pool (building)	(M) plavecký bazén
tennis court	(M) tenisový kurt
tourist information	(F) turistické informace
casino	(N) kasino
art gallery	(F) galerie umění
museum	(N) muzeum
national park	(M) národní park
tourist guide	(M) turistický průvodce
souvenir	(M) suvenýr
alley	(F) ulička
dam	(F) přehrada
steel	(F) ocel
crane	(M) jeřáb
concrete	(M) beton
scaffolding	(N) lešení
brick	(F) cihla
paint	(F) barva

1801 - 1825

nail	(M) hřebík
screwdriver	(M) šroubovák
tape measure	(M) svinovací metr
pincers	(F) kleště
hammer	(N) kladivo
drilling machine	(F) vrtačka
aquarium	(N) akvárium
water slide	(M) tobogán
roller coaster	(F) horská dráha
water park	(M) vodní park
zoo	(N) zoo
playground	(N) hřiště
slide	(F) skluzavka
swing	(F) houpačka
sandbox	(N) pískoviště
helmet	(F) helma
uniform	(F) uniforma
fire (emergency)	(M) požár
emergency exit (in building)	(M) nouzový východ
fire alarm	(M) požární hlásič
fire extinguisher	(M) hasicí přístroj
police station	(F) policejní stanice
state	(M) stát
region	(M) kraj
capital	(N) hlavní město

1826 - 1850

visitor	(M) návštěvník
emergency room	(F) pohotovost
intensive care unit	(F) jednotka intenzivní péče
outpatient	(M) ambulantní pacient
waiting room	(F) čekárna
aspirin	(M) aspirin
sleeping pill	(M) prášek na spaní
expiry date	(N) datum spotřeby
dosage	(N) dávkování
cough syrup	(M) sirup proti kašli
side effect	(M) vedlejší účinek
insulin	(M) inzulín
powder	(M) prášek
capsule	(F) kapsle
vitamin	(M) vitamín
infusion	(F) infuze
painkiller	(M) lék proti bolesti
antibiotics	(N) antibiotika
inhaler	(M) inhalátor
bacterium	(F) bakterie
virus	(M) virus
heart attack	(M) infarkt
diarrhea	(M) průjem
diabetes	(F) cukrovka
stroke	(F) mrtvice

1851 - 1875

asthma	(N) astma
cancer	(F) rakovina
nausea	(F) nevolnost
flu	(F) chřipka
toothache	(F) bolest zubů
sunburn	(M) úžeh
poisoning	(F) otrava
sore throat	(F) bolest krku
hay fever	(F) senná rýma
stomach ache	(N) bolení břicha
infection	(F) infekce
allergy	(F) alergie
cramp	(F) křeč
nosebleed	(N) krvácení z nosu
headache	(F) bolest hlavy
spray	(M) sprej
syringe (tool)	(F) stříkačka
needle	(F) jehla
dental brace	(N) rovnátka
crutch	(F) berle
X-ray photograph	(M) rentgenový snímek
ultrasound machine	(M) ultrazvukový přístroj
plaster	(F) náplast
bandage	(M) obvaz
wheelchair	(M) invalidní vozík

1876 - 1900

blood test	(M)	krevní test
cast	(F)	sádra
fever thermometer	(M)	teploměr
pulse	(M)	puls
injury	(N)	zranění
emergency	(F)	pohotovost
concussion	(M)	otřes mozku
suture	(M)	steh
burn	(F)	popálenina
fracture	(F)	zlomenina
meditation	(F)	meditace
massage	(F)	masáž
birth control pill	(F)	antikoncepční pilulka
pregnancy test	(M)	těhotenský test
tax	(F)	daň
meeting room	(F)	zasedací místnost
business card	(F)	vizitka
IT	(N)	IT
human resources	(M)	lidské zdroje
legal department	(N)	právní oddělení
accounting	(N)	účetnictví
marketing	(M)	marketing
sales	(M)	odbyt
colleague	(M)	kolega
employer	(M)	zaměstnavatel

1901 - 1925

employee	(M) zaměstnanec
note (information)	(F) poznámka
presentation	(F) prezentace
folder (physical)	(M) šanon
rubber stamp	(N) razítko
projector	(M) projektor
text message	(F) textová zpráva
parcel	(M) balíček
stamp	(F) známka
envelope	(F) obálka
prime minister	(M) premiér
pharmacist	(M) lékárník
firefighter	(M) hasič
dentist	(M) zubař
entrepreneur	(M) podnikatel
politician	(M) politik
programmer	(M) programátor
stewardess	(F) letuška
scientist	(M) vědec
kindergarten teacher	(F) učitelka v mateřské škole
architect	(M) architekt
accountant	(M) účetní
consultant	(M) konzultant
prosecutor	(M) prokurátor
general manager	(M) generální ředitel

1926 - 1950

bodyguard	(M) osobní strážce
landlord	(M) bytný
conductor	(M) průvodčí
waiter	(M) číšník
security guard	(F) ochranka
soldier	(M) voják
fisherman	(M) rybář
cleaner	(M) uklízeč
plumber	(M) instalatér
electrician	(M) elektrikář
farmer	(M) zemědělec
receptionist	(M) recepční
postman	(M) listonoš
cashier	(M) pokladní
hairdresser	(M) kadeřník
author	(M) spisovatel
journalist	(M) novinář
photographer	(M) fotograf
thief	(M) zloděj
lifeguard	(M) plavčík
singer	(M) zpěvák
musician	(M) hudebník
actor	(M) herec
reporter	(M) reportér
coach (sport)	(M) trenér

1951 - 1975

referee	(M)	rozhodčí
folder (computer)	(F)	složka
browser	(M)	prohlížeč
network	(F)	síť
smartphone	(M)	chytrý telefon
earphone	(N)	sluchátko
mouse (computer)	(F)	myš
keyboard (computer)	(F)	klávesnice
hard drive	(M)	pevný disk
USB stick	(M)	USB klíč
scanner	(M)	skener
printer	(F)	tiskárna
screen (computer)	(F)	obrazovka
laptop	(M)	notebook
fingerprint	(M)	otisk prstu
suspect	(M)	podezřelý
defendant	(M)	žalovaný
investment	(F)	investice
stock exchange	(F)	burza
share	(F)	akcie
dividend	(F)	dividenda
pound	(F)	libra
euro	(N)	euro
yen	(M)	jen
yuan	(M)	jüan

1976 - 2000

dollar	(M)	dolar
note (money)	(F)	bankovka
coin	(F)	mince
interest	(M)	úrok
loan	(F)	půjčka
account number	(N)	číslo účtu
bank account	(M)	bankovní účet
world record	(M)	světový rekord
stopwatch	(F)	stopky
medal	(F)	medaile
cup (trophy)	(M)	pohár
robot	(M)	robot
cable	(M)	kabel
plug	(F)	zástrčka
loudspeaker	(M)	reproduktor
vase	(F)	váza
lighter	(M)	zapalovač
package	(M)	balíček
tin	(F)	plechovka
water bottle	(F)	láhev na vodu
candle	(F)	svíčka
torch	(F)	baterka
cigarette	(F)	cigareta
cigar	(M)	doutník
compass	(M)	kompas

Made in the USA
Monee, IL
23 March 2020